好习惯=好老师

谷炳兴◎编著

教育科学出版社
·北京·

序

伍 杰*

　　编了一辈子书，出了一辈子书，读了一辈子书，如今年逾八旬，老眼昏花，读都怕读不动了。闭上眼睛想想，过往几十年读过的、编过的、出过的书中，有多少算得上是"好书"？真不好下结论。近年来，中央宣传部、中央精神文明办推动发起了"五个一"工程评奖活动，每年一届，其中一个"一"就是"一本好书"的评选。全国几百家出版社，每年出版十多万种新书，能入选的寥寥，能评上"好书"的更是寥寥。悲哀吗？好像有点。自从任继愈先生去世后，自己老是伤感，其中就含有对"好书"的期盼，总觉得自己这个老出版协会的副主席应该多出版点儿"好书"，才对得起读者、对得起国家。可是我老了，编不动了，寄希望于年轻的才俊们吧。

　　就在我闭目思虑出版业的前景时，巧逢老朋友忘年交崔金

---

* 伍杰先生系中国出版工作者协会原副主席、中共中央宣传部出版局原局长。

生先生前来探望，并带来了几册书稿且请我为其作序，此举让我十分惊异。我和金生先生共事多年亦师亦友，他从来未求我帮人出过什么书，更未求我为书作过序，包括他自己的著作。究其原因恐怕是怕别人说借"伍杰"之光，有沽名钓誉之嫌吧。金生先生是我一生中相知甚深的人之一，他在业务上对己对人都十分严格甚至有些苛刻，一般水平的书稿是很难得到他赞赏的。今天是怎么了，莫非真的淘到"好书"了吗？

看了作者简介，方知作者名为谷炳兴，是一位农村最基层小学（河北省青县流河镇中心小学）的校长，教育生涯三十多年。其中一线教学十七年，任校长十七年，有丰富的教育教学经验，可谓一名传奇式的人物。他在教学期间，创造了一个又一个的教学奇迹，被誉为常胜将军；任校长后，率领全校师生坚持改革创新，教育教学成绩一直居于全镇之首，在 2008 年全县语、数、外三门学科大抽测中获得全县第一名。在县教育局的组织下，曾两次举行全县学校管理现场会。他所在的学校没有不会教的老师，也没有学不好的学生；他所在的学校早已是县级示范学校、市级学校管理明星学校、省级实验学校。

再看这几本书稿，是教育系列丛书。其中两本书名分别是《好习惯＝好学生》和《好习惯＝好老师》。遵照金生先生的要求，我认真再认真地看了两遍书稿，掩卷深思：依我六十年出版之经历，所阅览过的教育类书籍不计其数，出版过的书也多不胜数，但谷炳兴先生的书稿与之大不相同，他是出于职业的需要所编著的，也是他三十多年教育教学之领悟，十分珍贵。特点之一，版式新颖。这两部书稿可以说都是语录体，言简意赅、寓意丰富，打破了以往长篇大论、使人未读生厌的先例，可以起到一石激起千层浪的作用，读者看上一分钟、几分钟就会有奇特的收获。特点之二，面向全体。这两本书，每一个学生都需要读，每一名教师都需要读，每一位家长都需要读，也必须要读、要用。特点之三，非常实用。书的内容非常贴近学生、贴近教师、贴近家长、贴近教育，尤其是贴近实际。

我并非教育专业人士，但看了书稿后大有感触。纵观近年来出版的教育类图书，多为中外教育研究专著，专业而深奥，难为小学生、教师、家长所能读懂。相比之下，谷校长的两本书深入浅出，通俗易懂且易做。据此，我大体可以判定这两本书出版后，一定能被全国中小学生、家长、教师所喜欢，一定能有效转变教师和学生家长的教育观念，一定能提高学生们自我教育、自主学习、自我管理的能力，一定能在一定程度上提升中小学教育质量，并对整个国家的教育事业产生积极的影响。

我想，谷校长的需要也必然是全国中小学教师、校长的需要；他的学生及学生家长的需要也必然是全国中小学生和家长的需要。现在，我国在校中小学生近两亿，中小学教师一千多万，中小学生家长五亿多，这是一个多么大的读者群体啊！这么庞大的群体如果都读读这两本书，必然会站在巨人的肩膀上，这些肩膀必然能托起明天的太阳……

据悉，这两本书将由教育科学出版社出版，我为之高兴，希望它们能成为未来"五个一"工程中的两本"好书"。这是一个老出版工作者的举荐，并期盼出版者和编著者能共同获得这份殊荣，是为序。

2012 年 3 月 18 日

目 录

修养篇

教学篇

教育篇

前 言

习惯是一种顽强而巨大的力量，好的习惯一旦形成之后，不仅会使你增强十倍、百倍的力量，而且使你做人、做事自然流畅，事事成功、万事如意。相反，一个人没有好习惯，在社会上或家庭里，必然会处处感到别扭、感到压抑，别人不喜欢，自己也愉快不起来。"没有好习惯，烦恼总不断"。

教师也是如此，每一位老师都想成为一名成功的教师、优秀的教师；每一位老师都希望自己能得到学生的喜欢、家长的信赖、社会的认可。但事实上，往往事与愿违，许多老师对工作满腔热忱，整天忙忙碌碌，把自己的心血都用在学生身上，其结果却不理想，常常事倍功半，自己苦恼，学生也烦恼。日复一日，年复一年，总也没有根本上的转变，使很多老师痛苦不已。

这是为什么呢？究其原因就是一个"习惯"的问题。因为这些老师没有养成一种科学的教育教学习惯，把功夫只用在学生身上，而没有用在自己身上。其重要原因主要有三条：一是没有良好的自身修养习惯，二是没有科学的教育习惯，三是没有科学的教学习惯。如果我们努力把科学的教育理念、教育方法、教学方法等转化成自己的习惯，这种习惯一旦养成，就会使自己的教学工作得心应手、操作自如，形成一种定式，想不成功都难。到那时，教师教得轻松，学生学得轻松，而且产生理想的教育教学效果。再也不用为不被学生喜欢而烦恼，再也不用为自己的教学效果而担心，再也不会被繁忙的教学工作而缠绕。从此，您会从一个痛苦的世界走向一个幸福的世界，最终会得到"自我解放"。教学工作不再是一种压力和负担，而是一种快乐和幸福，从而形成一种"玩儿的教育"，终身享受教学工作的快乐。

使教育教学过程形成一种习惯，使教学工作成为一种快乐，是我多年的追求。在多年的教育教学实践中，我一直在思考、研究、实践这种追求，并且取得奇迹般的效果，被社会各界所公认，真正体会到教学是一种快乐，是一种幸福。此后，我最大的理想是将自己的教育教学习惯传递给所有热爱教育的老师们。因此，在2002年编写成一本小册子——《教师良好习惯规则》，从此，这本小册子就成为我校教师的校本教材和良师益友。经过实践，很快就产生了意想不到的效果，教师素质迅速提升，教育质量迅速提高，教育奇迹不断出现，这所普通的农村小学，也很快成为一所名校。

这本《教师良好习惯规则》，在多年的使用过程中，先后经过四次修订，在最后一次修订后更名为《好习惯＝好老师》。在编写和修订过程中，得到了我校部分教师的大力帮助，也得到了一些热心朋友的支持和鼓励，在此表示衷心的感谢！最后定版的《好习惯＝好老师》，分成修养习惯、教学习惯、教育习惯三大部分，共包括100条规则，800多条细则。它最适合小学教师，中学教师及其他层次的教师也可以参考使用。它以特殊的呈现形式，随时为您提供一个快捷的教育指南，随时为您提供一份教育营养快餐，期待它成为您教育教学成功的导航，成为您从此迈向幸福之路的指南。

由于本人水平所限，这本小册子肯定还存在许多缺点，真诚希望教育专家、教育同行及关心教育的各界人士提出宝贵意见和建议，使其进一步优化完善，成为中小学教师最亲密的良师益友。特别希望老师们能以这本《好习惯＝好老师》为参考，以只争朝夕的精神逐步养成各种教育教学的好习惯，在为自己创造成功和幸福的同时，也使学生发展得更好、更快，从而实现整体教育的成功，最终实现我国"科教兴国"、"人才强国"的战略目标。

谷炳兴

2013年10月于河北沧州

修养篇

好习惯 001
树立现代教育观

1.树立现代教育观，从"以教师为中心"
  转向"以学生为中心"。

2.树立现代教学观，从"注重知识传授"
  转向"注重能力培养"。

3.树立现代教材观，从"教教材"
  转向"用教材教"。

4.树立现代教法观，从"以教为主"
  转向"以学为主"。

5.树立现代评价观，从"以分数高低论优劣"
  转向"相对自己有了进步就是优秀"。

转变教育观，教育成功之关键
坚守旧观念，教育失败之根源

好习惯 002
改革旧模式

1.教育模式要改革，教学生学会自我教育。

2.教学模式要改革，教学生学会自主学习。

3.管理模式要改革，教学生学会自我管理。

4.评价模式要改革，教学生学会自我评价。

5.监督模式要改革，教学生学会自我督查。

6.批评模式要改革，教学生学会自我批评。

7.惩戒模式要改革，教学生学会自我惩戒。

8.师生角色要改革，让学生成为学习主人。

教育创新，要以学生为中心
教育改革，要和实际相吻合

教好每个学生

好习惯 003

教好每个学生

1.了解每一个学生。知己知彼，百教不败。

2.尊重每一个学生。保护自尊，不能伤害。

3.相信每一个学生。科学栽培，都能成才。

4.赏识每一个学生。迟早发光，真诚期待。

5.关心每一个学生。不同学生，同样都爱。

6.理解每一个学生。换位思考，善解为怀。

7.学习每一个学生。不耻下学，与生竞赛。

8.教好每一个学生。力挽后进，不能淘汰。

坚定信念，教好每一个学生
敢于承诺，让每位家长放心

注重自己的仪表（上）

好习惯 004
注重自己的仪表（上）

1. 老师是受人敬仰的偶像，
　　自身仪表应成为学生的示范。

2. 抬头挺胸，双目向前平视，
　　面带微笑，充满激情与自信。

3. 穿着整洁、端庄、大方，
　　不穿奇装异服，不盲目赶时髦。

4. 不穿拖鞋，不穿特高高跟鞋，
　　不穿走路声音大的皮鞋。

老师仪表非常之重要
好比自身素质之广告

注重自己的仪表（下）

好习惯 004
注重自己的仪表（下）

5.不浓妆艳抹，不戴特别显眼的首饰，不留长指甲，不染彩指甲。

6.不留怪发，不染彩发，男老师不留披肩发、不留长胡子。

7.不随地吐痰、擤鼻涕、扔垃圾，随时整理穿着及头部仪容。

8.言谈举止文明规范，对待学生和蔼可亲，方式得体。

老师仪表非常之重要
好比自身素质之广告

热爱学习（上）

好习惯 005
热爱学习（上）

1. 向"人"学习。经常观察、访问、请教身边的成功人士，取人之长。

2. 向"书"学习。经常阅读一些有价值的书和报刊，做好笔记，指导实践。

3. 向"网络"学习。经常根据自己的疑惑在网上寻找答案，并下载存档。

4. 向"教研"学习。抓住每次教研机会，主动参与，积极获取经验。

活到老，学到老，学无止境
学到老，改到老，改无年龄

热爱学习（下）

好习惯 005

热爱学习（下）

5.向"笔记"学习。经常查阅经验笔记本（文件夹），熟记在心，用于教学。

6.向"自己"学习。充分发挥自己的优点和特长，使其不断发扬光大。

7.向"历史"学习。多读历史书、多看历史片，以史为鉴，把历史经验用于教学。

8.向"实践"学习。把自己学到的经验迅速用于实践，在实践中升华。

活到老，学到老，学无止境
学到老，改到老，改无年龄

巧用业余时间

好习惯 006
巧用业余时间

1.巧用业余时间，总结教学经验。

2.巧用业余时间，思考书写教案。

3.巧用业余时间，钻研教材教参。

4.巧用业余时间，学习教育经典。

5.生活追求简单，可以挤些时间。

6.家务合理分工，可以挤些时间。

7.减少无益应酬，可以挤些时间。

8.设家庭办公室，可以挤些时间。

业余时间是金，能够造就人
不用业余时间，难成优秀人

好习惯 007

苦练基本功

1.苦练硬笔书法，字体漂亮、书写规范。

2.苦练语言艺术，亲和幽默、有效简单。

3.苦练组织教学，指挥得力、秩序井然。

4.苦练使用教具，直观教学、不用嘴喊。

5.苦练简单图画，以图解问、节省时间。

6.苦练电化教学，高效快乐、功倍事半。

7.发挥自身特长，提高威信、魅力无限。

8.巧用一切时间，持之以恒、刻苦锻炼。

老师练好基本功
教学优秀又轻松

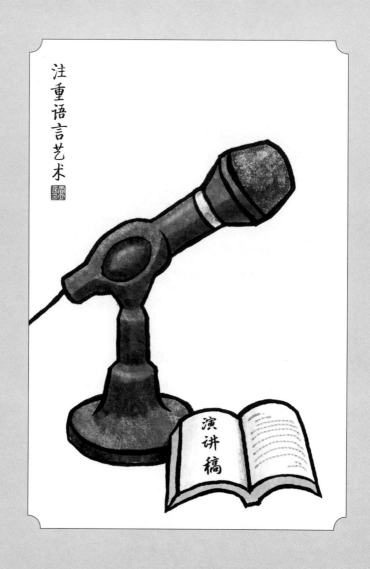

好习惯 008

注重语言艺术

1.语言生活化：像主持人，自然大方。

2.语言有感情：喜怒哀乐，顿挫抑扬。

3.语言有节奏：轻重缓急，快慢适当。

4.语言要简洁：克服啰唆，少说精讲。

5.语言要生动：具体明白，幽默形象。

6.语言要亲和：亲切和蔼，好似商量。

7.语言要整合：集中讲解，不放冷枪。

8.倡导用低音：低音教学，情深意长。

语言艺术很重要
关键是否有实效

好习惯 009
善用体态语言

1.眼睛：善用眼睛说话辅助教学。

2.手势：善用不同手势辅助教学。

3.表情：善用表情变化辅助教学。

4.身姿：善用身体姿势辅助教学。

5.动作：善用直观动作辅助教学。

6.微笑：保持微笑提高教学效果。

体态语言是无声的指挥棒
就像用指挥棒指挥大合唱

以学生为中心

好习惯 010
以学生为中心

1. 备课"以学生为中心"，根据学生的实际和兴趣设计教学方案。

2. 上课"以学生为中心"，让学生当演员，老师当导演，真正把课堂还给学生。

3. 留作业"以学生为中心"，少而精，难易适度，努力减轻课业负担。

4. 批改作业"以学生为中心"，不同的学生用不同的批改方式和评价标准。

5. 考试"以学生为中心"，试卷的难易要根据学生的实际，使绝大部分学生成功。

一切为了学生，为了学生一切
为了一切学生，一心想着学生

好习惯 011
经常赞美学生

1.赞美，使优秀的学生产生非凡的努力。

2.赞美，使后进的学生产生好胜的心理。

3.赞美，使自卑的学生产生自信的奇迹。

4.赞美，使怯弱的学生产生勇敢的动力。

5.赞美，使徘徊的学生产生进步的勇气。

6.赞美，使厌学的学生产生好学的转机。

7.赞美，使调皮的学生产生自律的毅力。

8.赞美，使恨师的学生产生爱师的心意。

赞美，能使学生力量无比
赞美，能使学生创造奇迹

向学生学习（上）

好习惯 012
向学生学习（上）

1. 学习学生的童心，教师富有童心，
   才能和学生水乳交融，达成教与学的和谐。

2. 学习学生的童趣，教师拥有童趣，
   才能扶植和发展学生的兴趣和爱好。

3. 学习学生的童真，教师持有童真，
   才能和学生面对面、心对心地真诚沟通。

4. 学习学生的童性，教师兼有童性，
   才能适合学生、适合教育、适合当老师。

学习学生，才能超越学生
否定自己，才能超越自己

向学生学习（下）

好习惯 012
向学生学习（下）

5.学习学生的执行力，老师下达的命令会立即执行，很少讨价还价。

6.学习学生的创造力，他们的思维不受传统的束缚，容易创造奇迹。

7.学习学生的接受力，他们接受新生事物的能力强，落实速度快。

8.学习学生的勇敢力，他们敢想、敢说、敢为，不左顾右盼，没有顾虑。

学习学生，才能超越学生
否定自己，才能超越自己

好习惯 013
征求学生意见

1.每个教学阶段开始，征求学生意见。

2.每个教学阶段结束，征求学生意见。

3.遇到教学不顺利时，征求学生意见。

4.遇到学生不快乐时，征求学生意见。

5.班级出台重要决策，征求学生意见。

6.解决重大疑难问题，征求学生意见。

7.班级举行大型活动，征求学生意见。

8.各科家庭作业多少，征求学生意见。

征求意见，使教学民主化
民主施教，使教学科学化

和学生一起活动

好习惯 014
和学生一起活动

1.经常参与学生的文艺活动。

2.经常参与学生的体育活动。

3.经常参与学生的课余活动。

4.经常参加学生的比赛活动。

5.经常参加学生的义务劳动。

经常参与学生活动
增进交流拉近感情

好习惯 015

和学生换位思考

1.制定校规班规时，和学生换位思考。

2.确定教学方法时，和学生换位思考。

3.布置课余作业时，和学生换位思考。

4.学生出现异常时，和学生换位思考。

5.学生犯了错误时，和学生换位思考。

6.批评教育学生时，和学生换位思考。

7.计划惩戒学生时，和学生换位思考。

8.对学生提要求时，和学生换位思考。

———

换位思考，是一种特殊的爱
经常换位，教育才能少失败

努力减轻学生负担

好习惯 016
努力减轻学生负担

1. 以学生为本，建立民主平等的师生关系，努力减轻学生的心理负担。
2. 极力提高课堂效率，实现"堂堂清"，竭力把作业消灭在课堂内。
3. 少留或不留家庭作业，不留课间和午间作业，严格执行国家规定作业量。
4. 不订或少订教辅资料，不搞题海战术，努力减轻经济、课业双负担。
5. 开齐开足各门课程，上好学生喜欢的小科，每天不少于一小时体育锻炼时间。

轻负担高质量，是教学方向
小付出大收获，是教学理想

谦虚谨慎

好习惯 017
谦虚谨慎

1.正确评价自己，自知优点找出缺点。

2.巧用宝贵时间，加强学习刻苦钻研。

3.有疑请教高人，既有效果又省时间。

4.经常恳请别人，真诚提出指导意见。

5.接受批评建议，及时改正感谢诤言。

6.出现各种失误，少找客观多找主观。

7.牢记失败教训，不能忘记前车之鉴。

8.应用先进经验，指导教学积极实践。

虚心使人进步，是个真理
谨慎减少失败，是个哲理

好习惯 018
互相听评课

1.经常和搭档老师互相听评课。

2.经常和同科老师互相听评课。

3.经常和优秀老师互相听评课。

4.经常邀请领导给自己听评课。

5.听课时，边观边思边做记录。

6.作课后，主动恳请老师议课。

7.议课时，实事求是真诚交流。

8.议课后，以史为鉴指导实践。

教师互听课，肯定益处多
教师互评课，必定有收获

好习惯 019
经常反思

1.经常反思，教育方式科学不科学？

2.经常反思，教学方法先进不先进？

3.经常反思，近来是进步还是退步？

4.经常反思，影响进步的根本是啥？

5.经常反思，距离优秀有多大差距？

6.经常反思，哪些优点让学生佩服？

7.经常反思，哪些缺点让学生烦恼？

8.经常反思，自己受不受学生欢迎？

反思好像体检，防患于未然
缺点及时改进，逐步变不凡

好习惯 020

及时改进

1.自我发现的缺点错误，及时改进。

2.学生提出的建议意见，及时改进。

3.同事提出的建议意见，及时改进。

4.家长提出的建议意见，及时改进。

5.领导提出的建议意见，及时改进。

6.有缺点错误立即改正，越快越好。

不断改进，才能不断进步
老师进步，学生才能进步

随时做笔记

好习惯 021
随时做笔记

1.各种会议要做笔记，分性质做记号。

2.教研活动要做笔记，记录活动精髓。

3.批改作业要做笔记，以备点评矫正。

4.听课评课要做笔记，记录经验方法。

5.自己的经验和教训，要随时做笔记。

6.观察到的好坏现象，要随时做笔记。

7.突然想起来的要事，要随时做笔记。

8.笔记精髓存入电脑，永远不会丢失。

做笔记好比蜜蜂采蜜
不采蜜就不会酿出蜜

好习惯 022
立即落实

1.对正确的会议精神，立即落实。

2.书报刊上的好经验，立即落实。

3.他人介绍的好经验，立即落实。

4.自己总结的好经验，立即落实。

5.根据自己实际情况，灵活落实。

6.落实速度越快越好，不能拖拉。

落实得越快，进步越快
落实得越好，进步越早

好习惯 023
学习洋思经验

1.学会一种模式：先学后教，当堂训练。

2.运用一个绝招：努力实现"堂堂清"。

3.采用一种妙方：训练学生"兵教兵"。

4.教会一种本领：每个学生会自学。

5.培养一种习惯：学生行动"军事化"。

6.执行一个规定：每节课只讲几分钟。

7.坚持一个原则：从最后一名学生抓起。

8.实行一种机制：各级管理都"承包"。

9.使用一种考试：以教定考，考是为教。

10.出现一种局面：每一个学生都能优秀。

洋思经验是教育之瑰宝
学上几招会立马生奇效

好习惯 024
认真办公

1.遵守办公纪律，不随便串位离座椅。

2.保持安静办公，不大声喧哗议问题。

3.与工作无关事，不在办公室内办理。

4.在办公时间内，手机静音或者关闭。

5.会客人谈事情，尽量不进办公室里。

6.影响他人的事，到指定地点去处理。

7.珍惜工作时间，专心办公提高效率。

8.保持桌椅整洁，桌上物品有序整齐。

9.如果身体不适，可到适当地方休息。

办公定时定位专心批备
教学省时省力事半功倍

好习惯 025
勤于交流沟通

1.勤于和搭档教师交流沟通。

2.勤于和同科教师交流沟通。

3.勤于和优秀教师交流沟通。

4.勤于和年长教师交流沟通。

5.勤于和困难教师交流沟通。

6.勤于和矛盾教师交流沟通。

7.勤于和学校领导交流沟通。

勤于交流，加强合作长智慧
闭门造车，孤陋寡闻要后退

好习惯 026
遵守请假制度

1.无特殊情况不请假，因为学生会受损失。

2.一般事前向领导当面请假，写好请假条。

3.特殊情况由本人电话请假，事后补手续。

4.批假后，立即通知搭档教师安排好课程。

5.超过校长批假权限，要向上层领导请假。

6.休假时间不随意拖延，需延长再次请假。

切记，老师没有要事不请假
不然，学生成了没有妈的娃

向学校咨询汇报

汇报书

好习惯 027
向学校咨询汇报

1.有教育方面的疑难，向学校咨询。

2.有教学方面的疑难，向学校咨询。

3.对特殊学生的教育，向学校咨询。

4.班级出台新的举措，向学校咨询。

5.班级举行重大活动，向学校咨询。

6.处理严重学生问题，向学校咨询。

7.处理复杂家长矛盾，向学校咨询。

8.向学生收合理费用，向学校咨询。

9.典型经验和好人好事，向学校汇报。

10.严重失误和坏人坏事，向学校汇报。

经常向学校咨询和汇报
能得到领导支持与指导

好习惯 028
健身养心

1.保证八小时睡眠，养成午休习惯。

2.饮食有一定规律，特别吃好早餐。

3.有一种体育爱好，经常进行锻炼。

4.学生的体育活动，经常参与其间。

5.学校家庭有条件，健身器更方便。

6.经常做家务劳动，健身还增情缘。

7.每天听几段音乐，烦恼抛在一边。

8.经常出外散散步，健身健心健眼。

9.经常回忆快乐事，幸福自然增添。

10.学会适当地娱乐，是最好养心餐。

身心相关联，心健才能体健

身心齐锻炼，体健促使心健

教 学 篇

好习惯 029
树立教学新理念

1.树立"教是为了不教"的理念。

2.树立"学是为了会学"的理念。

3.树立"没有教不好的学生"的理念。

4.树立"好学生是指好发展"的理念。

5.树立"只有差异，没有差生"的理念。

6.树立"以生为本，教是为学"的理念。

7.树立"面向全体，人人发展"的理念。

8.树立"全面发展，育人为先"的理念。

教学理念，是教学的方向盘
坚定实践，是成功的转折点

开学初科学起步

好习惯 030
开学初科学起步

1.准备要先：做好充分的准备，创好开端。

2.情绪要满：以激情感染学生，产生自信。

3.速度要慢：起步教学不能快，逐渐提速。

4.知识要浅：先学简单的知识，体验成功。

5.坡度要缓：充分为新知铺垫，降低难度。

6.负担要减：减少练习作业量，轻松完成。

7.兴趣要添：多想办法提兴趣，以趣激学。

8.习惯要练：以训练习惯为重，少学新课。

科学起步，创造良好的开端
良好开端，等于成功的一半

好习惯 031
科学备课

1.备教材：吃透教材内容，细嚼加慢咽。

2.备教参：学习教师用书，领悟其高见。

3.备教法：实现高效课堂，教法是关键。

4.备学生：根据学生实际，找准切入点。

5.备问题：一石激千层浪，问题要精练。

6.备习题：丰富巧妙呈现，能举一反三。

7.备教具：恰当使用媒体，高效又直观。

8.备时间：估计各步用时，按时要学完。

9.备教案：零星时间思考，最后写教案。

10.备方向：体现自主学习，一定把好关。

备课多用力，上课省力气
课前多流汗，课上当懒汉

好习惯 032
电脑备课

1.电脑备课，费一次劲，以后简便。

2.电子教案，便于保存，永不腐烂。

3.电子教案，字迹清晰，格式规范。

4.电子教案，随时可改，改后不乱。

5.相同课题，复制改用，但不照搬。

6.网上教案，下载改用，但不照搬。

7.同事教案，借鉴改用，但不照搬。

8.置台机子，随时打印，快乐无边。

电脑备课开始费劲，以后轻松
电脑备课科学高效，益处无穷

课前再备课

好习惯 033
课前再备课

1.巧用课前时间，要进行再备课。

2.整个教学流程，脑中再过一遍。

3.牢记主要步骤，以及对应教法。

4.牢记重点难点，以及应对教法。

5.做到备中有背，牢记关键台词。

6.特别是开课词，反复彩排练习。

7.查点各种教具，保证齐全能用。

8.电教提前开机，把课件试一遍。

临阵磨枪，不快也光
课前再备，上课不慌

好习惯 034

按时上下课

1.提前一会儿，教室门口，等待铃响。

2.听到上课铃，组织秩序，巧用目光。

3.铃声停止后，宣布上课，问候响亮。

4.下课前一分，做好收尾，不能再讲。

5.下课铃一响，宣布下课，绝不拖堂。

6.及时上下课，严格执行，不能违章。

上课准时，下课及时
把握时间，一秒不迟

培养学生自主学习

好习惯 035

培养学生自主学习

1.揭示课题后，让学生自己定目标。

2.自学提示后，让学生自己去自学。

3.自学课本后，让学生自己去讨论。

4.是对还是错，让学生自己去评论。

5.意见有分歧，让学生自己去辩论。

6.学习新课后，让学生自己编习题。

7.做完练习后，让学生自己当裁判。

8.有了错误后，让学生自己去矫正。

9.问题不明白，让学生自己当老师。

10.本课成与败，让学生自己来总结。

学习的最高境界是自主学习
学法的最高境界是学会学习

课堂『十多』

好习惯 036
课堂 "十多"

1.多让学生动眼观察，提高观察力。

2.多让学生动脑思考，锻炼思维力。

3.多让学生动口表达，增强表达力。

4.多让学生动手操作，培养实践力。

5.多花费一些时间，培养学生能力。

6.多花费一些时间，总结方法规律。

7.多给学生一些时间和空间的自习。

8.多给学生一些自主和自由的权利。

9.多给学生一些评价和赞美的激励。

10.多给学生一些成功和胜利的欢喜。

好课堂如战场，靠士兵多杀敌
好老师如导演，让演员多练习

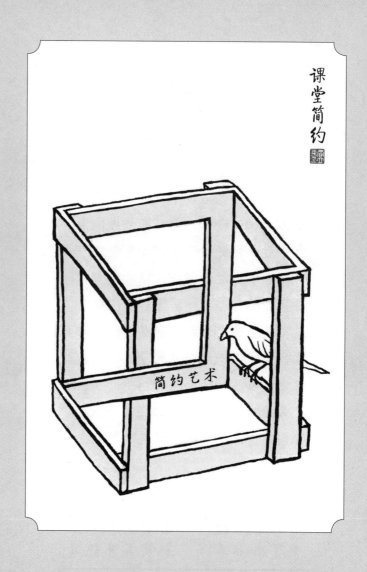

课堂简约

简约艺术

好习惯 037
课堂简约

1. 教学目标简明，瞬时记住，一目了然。
2. 教学内容简约，时间有限，抓住重点。
3. 教学设计简单，板块设计，自主为先。
4. 课堂环节简化，精简环节，层次明显。
5. 教师语言简洁，一语千金，多留空间。
6. 教学方法简便，人人明白，使用简单。
7. 课堂练习简练，举一反三，一题多变。
8. 课后作业简少，不要多留，愉快做完。

讲课如吃饭，一味贪多嚼不烂
教学求简单，多给学生留空间

好习惯 038
课堂"四清"

1.学一题会一题，做到"题题清"。

2.学一步会一步，做到"步步清"。

3.全体学生都会，实现"人人清"。

4.当堂学当堂会，实现"堂堂清"。

5.边学边练边验，才知道清不清。

6.及时反馈矫正，才能做到"清"。

7.树立目标意识，实现目标就是成功。

8.不达标者再清，达标学生可以放松。

做到题清步清人人清
肯定不会出现后进生

好习惯 039
创造生成课堂

1.发现教学起点过高，马上改变预案。

2.发现学习情绪不高，马上改变预案。

3.发现教学效率不高，马上改变预案。

4.发现学习效果不好，马上改变预案。

5.发现后进生学不会，马上改变预案。

6.学生提出意外问题，马上改变预案。

7.捕捉生成课堂资源，让课堂更精彩。

计划赶不上变化，随机应变
老师为学生服务，水围山转

课堂现代化

好习惯 040
课堂现代化

1.及早出示课题，提出教学目标。

2.尽快打开课本，引导学生自学。

3.激发学生兴趣，活跃课堂气氛。

4.先让学生尝试，鼓励创造精神。

5.强调主动参与，摆正主体地位。

6.允许学生提问，发展学生思维。

7.组织学生讨论，增强合作意识。

8.控制教师讲话，多留练习时间。

9.及时反馈矫正，练习当堂批改。

10.加强动手操作，运用现代手段。

转变教育观念，改造传统课堂
改革教学方法，打造现代课堂

好习惯 041

启动有力

1.新课启动时，情绪要激昂。

2.新课启动时，兴趣要昂扬。

3.新课启动时，目标要明朗。

4.新课启动时，任务要叫响。

5.新课启动时，要把方法讲。

6.新课启动时，定好时间长。

7.分步启动时，模式一个样。

8.新课启动后，似虎下山岗。

———————————

开始启动如果没有力
后面学习一定没士气

好习惯 042

科学组织教学（上）

1.目光注视法，用说话的眼睛组织教学。

2.表情感染法，用丰富的表情组织教学。

3.肢体活动法，用肢体的活动组织教学。

4.语调变化法，用语调的变化组织教学。

5.静音吸引法，用突然的停顿组织教学。

6.设疑引导法，用有趣的疑问组织教学。

7.故事激趣法，用穿插小故事组织教学。

8.鼓励激励法，用趣味的表扬组织教学。

组织力就是指挥力
指挥力就是战斗力

好习惯 042

科学组织教学（下）

9.语言幽默法，用幽默的语言组织教学。

10.暗示提醒法，用暗示的信号组织教学。

11.板演演示法，用板演或演示组织教学。

12.游戏刺激法，用简单的游戏组织教学。

13.比赛竞争法，用有趣的比赛组织教学。

14.学生讲课法，用小老师讲课组织教学。

15.组织教学能力是教学成败的重要因素。

16.组织能力差是产生后进生的重要原因。

组织力就是指挥力
指挥力就是战斗力

课上必须少讲

好习惯 043

课上必须少讲

1. 自主学习理念，统治整个课堂。

2. 推行板块教学，学案是指挥枪。

3. 学着做好导师，讲师不要再当。

4. 倡导生生互动，老师尽量少讲。

5. 老师讲课时间，十分钟左右长。

6. 切记精讲多练，学生始终繁忙。

7. 不怕学生摔跤，摔跤才能变强。

8. 不抱着牵着走，引着走路为上。

老师多讲学生就少练，事倍功半

老师少讲学生能多练，事半功倍

好习惯 044
用目标统领全课

1.揭示课题以后，认定本课总目标。

2.每一步的开始，要认定分层目标。

3.每一个小环节，都需要认定目标。

4.一动就有目标，大小步都有目标。

5.每步说清干什么、怎么干、怎么验。

6.出示目标可以口述、板书、投影等。

7.教学过程随时照应目标，紧扣目标。

8.练习检测时不脱离实际，紧扣目标。

没有靶子的射箭比赛，难死射手
没有目标的学习活动，没有劲头

好习惯 045
创设情境

1.创设一种情境，巧妙导入课题。

2.创设一种情境，强调本课意义。

3.创设一种情境，为学新课打底。

4.创设一种情境，引起学习兴趣。

5.创设一种情境，创造逼真模拟。

6.创设一种情境，调动学生积极。

7.创设一种情境，引起学生注意。

8.创设一种情境，激发学生质疑。

唱戏先响家伙点儿
上课先激兴趣点儿

好习惯 046
科学提问

1.问题要有价值，不能随意信口提问题。

2.问前组织教学，要引起学生高度注意。

3.提问语言精练，每个学生都能够牢记。

4.提问注重语气，情感强烈且缓而有力。

5.提问重点问题，用文字展示精心设计。

6.问题难易适度，"蹦一蹦，能够得及"。

7.给足时间再问，闷闷锅再把锅盖掀起。

8.提问次数整合，不能满堂总是提问题。

9.讲究因人而问，不同学生提不同问题。

10.提问面向全体，每人都有发言的机遇。

精心设问，一问激起千层浪

信口乱问，白费时间还乱堂

科学评价学生（上）

好习惯 047

科学评价学生（上）

1.及时评价：是非长短，瞬时见面。

2.鼓励评价：鼓励为主，快马加鞭。

3.指导评价：评价指导，有利发展。

4.裁判评价：答案对错，充当裁判。

5.夸张评价：后进学生，夸张不限。

6.个性评价：张扬个性，包容缺点。

7.微笑评价：态度亲和，展示笑脸。

8.等级评价：给出等级，显而易见。

科学的评价好比催战鼓
激起的学生好似下山虎

科学评价学生（下）

好习惯 047

科学评价学生（下）

9.分数评价：数字显示，优劣明显。

10.掌声评价：掌声雷动，作用非凡。

11.书面评价：留有痕迹，永记心间。

12.体态评价：节奏明快，节省语言。

13.自我评价：引发反思，感悟体验。

14.互动评价：全体参与，激活全员。

15.无痕评价：含蓄包容，海纳百川。

16.总结评价：归纳总结，做出结言。

科学的评价好比催战鼓
激起的学生好似下山虎

好习惯 048

善用媒体教学

1.以各种教具为媒体，直观教学。

2.以身边实物为媒体，直观教学。

3.以科学板书为媒体，直观教学。

4.以图画图片为媒体，直观教学。

5.以录音录像为媒体，辅助教学。

6.以自然环境为媒体，实践教学。

7.以电化设备为媒体，高效教学。

善用媒体，激兴趣提高效率
赤手空拳，教没劲学也没趣

好习惯 049
从底线学生抓起

1.起步时，建立自信是最关键。

2.备课时，底线为准设计教案。

3.讲课时，起点放低适合底线。

4.说话时，语言通俗语意浅显。

5.提问时，多叫底线进行体验。

6.练习时，习题难度照顾底线。

7.巡视时，老师常到底线身边。

8.检测时，学测一致题目不难。

9.批改时，和底线学生面对面。

10.评价时，热情关爱尊重底线。

关注后进，走共同富裕的道路
方法科学，后进学生也能致富

让学生体验成功

好习惯 050
让学生体验成功

1. 最低起点，要以后进学生为起点。

2. 知识要简，要以简单知识为燃点。

3. 做好铺垫，有难度问题事前铺垫。

4. 速度要慢，后进学生也能跟后边。

5. 给足时间，给足思考和练习时间。

6. 不会不验，时机不成熟不能检验。

7. 因人而验，对不同学生不同检验。

8. 难题要缓，思考题要留在课余练。

9. 试卷不难，学什么考什么不要难。

10. 成功不断，多创造机会成功体验。

成功产生自信，自信促使成功
不断体验成功，必然始终成功

把教学变成娱乐

好习惯 051

把教学变成娱乐

1.在快乐中学习，是教学的理想。

2.各个教学环节，都有快乐分享。

3.重要学习环节，设计成娱乐场。

4.教师言谈举止，发挥幽默特长。

5.抓住适当时机，快乐插曲常讲。

6.表现优秀同学，及时评价褒奖。

7.练习作业设计，呈现形式多样。

8.掌声笑声赞声，充满整个课堂。

9.快乐学习高潮，一浪高过一浪。

10.整个教学过程，就和小品相仿。

兴趣是学生最好的老师
活动是学生最好的美食

整合教学过程

阅读

写作

写字

识字

好习惯 052

整合教学过程

1.设计教学步骤，不能零零散散。

2.本课教学内容，分成几个学段。

3.每个学习阶段，精设问题领衔。

4.引导自主完成，给足自学时间。

5.每段教学过程，先学后练再验。

6.各个学段之间，过渡有力自然。

7.杜绝满堂问答，多留静态空间。

整合过程，就是优化过程
老师轻松，还能锻炼学生

好习惯 053

学—练—验

1.课堂的每一步要体现：学—练—验。

2.训练每种题型要体现：学—练—验。

3.矫正错误过程要体现：学—练—验。

4.整节课的过程要体现：学—练—验。

5.每单元的教学要体现：学—练—验。

6.培养各种习惯要体现：学—练—验。

只学不练，好比只说不去干
只练不验，学生不会认真练

好习惯 054

掀起课堂小高潮

1.巧妙设计课堂开头，掀起小高潮。

2.设计有兴趣的问题，掀起小高潮。

3.恰当使用幽默语言，掀起小高潮。

4.适时插讲短小故事，掀起小高潮。

5.适时组织课堂游戏，掀起小高潮。

6.鼓动学生竞争比赛，掀起小高潮。

7.学生上台当小老师，掀起小高潮。

8.焦点问题学生辩论，掀起小高潮。

9.使用多种媒体教学，掀起小高潮。

10.适时展示教师特长，掀起小高潮。

课堂小高潮就是兴奋剂
兴奋剂立刻变成战斗力

好习惯 055
教学生活化

1.老师形象生活化，像主持人不把架子拿。

2.老师语言生活化，像和家人朋友在谈话。

3.老师情感生活化，要有喜怒哀乐的变化。

4.各个器官生活化，全部器官都不要僵化。

5.教学设计生活化，学习活动趋向小品化。

6.教育学生生活化，不能总像法官在训话。

7.老师站位生活化，走近学生说些悄悄话。

8.师生关系生活化，不能见到老师就害怕。

教学生活化就是上课要像生活
生活化教学轻松愉快还增效果

提高课堂效率

提高效率

珍惜时间

好习惯 056

提高课堂效率

1.设计决定效率。设计简约，力砍多余。

2.准备决定效率。备课充分，课前再习。

3.目标决定效率。目标鲜明，明确目的。

4.方法决定效率。教法科学，多揭规律。

5.兴趣决定效率。激发鼓励，充满乐趣。

6.节奏决定效率。重点要缓，略点要急。

7.惜时决定效率。废话废事，一律抛弃。

8.组织决定效率。组织有序，指挥得力。

9.习惯决定效率。养成习惯，行动整齐。

10.实在决定效率。不设虚步，不演假戏。

千方百计提高课堂效率
提高效率才能提高成绩

好习惯 057
巧纠课堂违纪

1.巧用语调变化的方式纠正。

2.巧用组织教学的方式纠正。

3.巧用肢体暗示的方式纠正。

4.巧用表扬学生的方式纠正。

5.巧用全班齐动的方式纠正。

6.巧用提问违纪生的方式纠正。

7.巧用"兵管兵"的方式纠正。

8.严重者巧妙控制，课下解决。

出现违纪现象巧妙纠正
不因个别问题影响进程

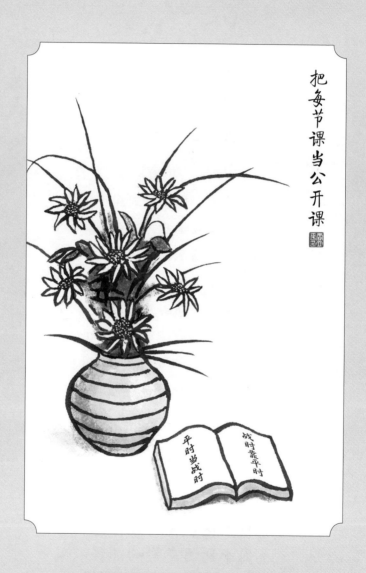

把每节课当公开课

平时当战时 战时靠平时

好习惯 058
把每节课当公开课

1. 每节课都像公开课，准备充分齐全。
2. 每节课都像公开课，情绪激昂饱满。
3. 每节课都像公开课，组织教学井然。
4. 每节课都像公开课，用现代化手段。
5. 每节课都像公开课，高潮迭起不断。
6. 每节课都像公开课，练习形式多变。
7. 每节课都像公开课，快捷高效精练。
8. 每节课都像公开课，快乐始终相伴。
9. 每节课都像公开课，板书规范美观。
10. 每节课都像公开课，课尾达标检验。

台上十分钟，台下十年功
平时当战时，战时才成功

好习惯 059
课后反思

1.反思这节课，目标达到没达到？

2.反思这节课，学生是否都学会？

3.反思这节课，学生是否都快乐？

4.反思这节课，效率是高还是低？

5.反思这节课，缺点是否有改进？

6.反思这节课，自我评价多少分？

7.反思这节课，经验教训在哪里？

8.反思这节课，及时写好反思录。

及时反思才会及时改进
不断改进才会不断进步

随时培养朗读

好习惯 060
随时培养朗读

1.明确朗读标准，学生能够理解熟记。

2.训练学生朗读，语文课是重要阵地。

3.非语文科教师，辅助培养朗读能力。

4.训练朗读有法，评价指导激发兴趣。

5.每月搞次比赛，评出等级给予奖励。

6.下一次比赛后，进行升级或者降级。

7.不达标的学生，补课训练不能抛弃。

8.教师朗读示范，随时随地都要注意。

朗读能力是重要基本功
严格训练时刻不能放松

好习惯 061
训练写规范字

1.矫正拿笔坐姿，是写好字的关键。

2.师生共同重视，树立写字荣辱观。

3.老师上课板书，给学生做出示范。

4.平时严格要求，练习草稿也不乱。

5.练习作业写字，不总比快催提前。

6.写字不达标者，组织训练加检验。

7.批改学生作业，把好书写这一关。

8.组织写字比赛，定期举行作业展。

锻炼写字就是锻炼心态
有了好心态学习才不败

好习惯 062
科学板书

1.注重板书的计划性，提前设计，写入教案。
2.注重板书的示范性，书写工整，格式规范。
3.注重板书的概括性，高度概括，一目了然。
4.注重板书的启发性，揭示规律，显示要点。
5.注重板书的欣赏性，设计有趣，好看美观。
6.注重板书的实效性，目的明确，效果明显。
7.注重板书的及时性，可以提前，不能后延。
8.注重板书的节奏性，书写快捷，节省时间。

板书就像一幅作战指挥地图
展示进攻目标、路线和战术

适时组织『三论』

好习惯 063
适时组织 "三论"

1.适时组织学生讨论。

　　讨论分同桌二人讨论和小组四人讨论。

　　汇报时以小组形式集体汇报，

　　一人发言后，其他人二次发言。

2.适时组织学生评论。

　　评论师生的表现，评论文本中的人、事、物，

　　评论作者及编者，评论本节课的优缺点等。

3.适时组织学生辩论。

　　持不同意见的甲乙双方学生，

　　就重点、焦点问题进行辩论。

有效组织讨论、评论加辩论

锻炼学生合作、善论和求真

科学练习

好习惯 064
科学练习

1.学和练紧密结合，学后就练。

2.练习要遵循规律，先练一般。

3.练习要由易到难，由简到繁。

4.练习要面向全体，成功体验。

5.练习题要少而精，举一反三。

6.练习要反馈矫正，矫后再练。

7.练习要注重说理，手口同练。

8.练习体现趣味性，练而不厌。

只讲不练好比只吃不消化
消化时间要比吃饭时间长

课内完成作业

好习惯 065
课内完成作业

1.作业就是检测，尽量堂内完成。

2.作业独立完成，老师严格管控。

3.课堂作业适量，绝大多数完成。

4.优生困生分别，一国两制可行。

5.老师巡回指导，重点是学困生。

6.发现问题暗示，尽量不要出声。

7.作业下课就交，没做完的也停。

8.课堂检测时间，至少要十分钟。

课上完成的作业真实有效
课外完成的作业仅供参考

科学批改作业

好习惯 066

科学批改作业

1.激励式批改，用等级加评语的评价模式。

2.常规式批改，定时收齐作业由老师批改。

3.交换式批改，老师宣布答案学生互批改。

4.闪电式批改，老师宣布答案由自己批改。

5.小组式批改，组长先批改再给组员批改。

6.流水式批改，选几个优生分工流水批改。

7.面面式批改，学困生作业老师面批面改。

8.人人是老师，学生都有红笔只管判对错。

9.老师总裁判，最终由老师定等级写批语。

10.每周计总分，每周作业总评交家长审阅。

教师只有认真批作业
学生才能认真做作业

好习惯 067
适时检测

1.每一个学段之前，要进行诊断检测。

2.每个教学环节后，要进行环节检测。

3.每一节课的课尾，要进行课时检测。

4.每一个单元结束，要进行单元检测。

5.在专项训练后，要进行验收性检测。

6.不达标的学生，要进行验收性检测。

7.在学生骄躁时，要进行调控性检测。

8.在学生悲观时，要进行调控性检测。

9.每次检测之前，都要制定检测目标。

10.每次检测之后，都要进行检测讲评。

适时检测，能掌握教学信息
科学检测，能挖掘学生潜力

科学讲评试卷

好习惯 068

科学讲评试卷

1.老师概览试卷：做好笔记，心中明朗。

2.试卷发给学生：是成是败，自我品尝。

3.老师出示问题：精心设问，引发自想。

4.学生针对试卷：认真反思，自评短长。

5.小组交流评价：陈述教训，经验张扬。

6.统计全班错题：错误人数，记在题旁。

7.进行集体矫正：集中错题，教师精讲。

8.学生互相矫正：零散错题，生生互帮。

9.注重矫后练习：矫练结合，永不再忘。

10.不达标的学生：限期复测，胜者有奖。

只体检不开药方，不会有疗效
只检测不评试卷，不会有提高

建立错题库

好习惯 069

建立错题库

1.用专用记录本或电脑，建立错题库。

2.把教材中的典型题目，记入错题库。

3.把作业中的典型错题，记入错题库。

4.把测验中的典型错题，记入错题库。

5.把资料中的典型题目，记入错题库。

6.把统测中的典型题目，记入错题库。

7.把易错易混的典型题，记入错题库。

8.错题库中的题，反复训练及时检验。

建立错题库，是教学成功之经验
养成此习惯，能消除失败之隐患

按课程表上课

好习惯 070

按课程表上课

1.按照国家规定，科学制定课程表。

2.没有特殊情况，课表不能随意调。

3.确实需要调课，批准要经校领导。

4.得到批准以后，要向学生做通报。

5.按课程表上课，主科不把副科要。

6.开齐开全课程，全面发展素质好。

课程计划不能随意变动
经常调课学生总是被动

重视体育教学

好习惯 071
重视体育教学

1.体育是德智体三育之一，非常重要。

2.体育是学生喜欢的课程，不能小瞧。

3.体育能促进德育和智育，很有奇效。

4.体育设施和教师的配备，不能缺少。

5.体育课不能被主科挤占，上足上好。

6.开展丰富多彩课间活动，上好两操。

7.每天一小时的体育活动，必须确保。

8.组建各种体育兴趣小组，积极性高。

身体只有全面活动
大脑才能全面活跃

设法让学生『玩』

好习惯 072
设法让学生"玩"

1.所有孩子，天性共性都爱"玩"。

2.尊重科学，一定让孩子们"玩"。

3.课前课间，有丰富多彩的"玩"。

4.教学设计，要充分考虑到"玩"。

5.教学过程，适当安排空间"玩"。

6.副科教学，更适合在学中"玩"。

7.达标学生，不留作业奖励"玩"。

8.多搞活动，在寓教于乐中"玩"。

"玩"的教育，是成功的教育
孩子不"玩"，学习没有兴趣

好习惯 073
科学留家庭作业

1.家庭作业，要科学布置，要以精少为宜。

2.应想一想，学生放学后，已没多少精力。

3.换位思考，学生需休息，他们不是机器。

4.应该明白，家庭作业多，产生反作用力。

5.留作业时，应各科兼顾，不能只顾自己。

6.达标学生，不留或少留，以此作为鼓励。

7.作业总量，应该控制在，国家规定以内。

8.每日作业，要公开公示，互相监督有利。

9.每个学生，有作业记录，防止回家忘记。

10.主任负责，调控作业量，留作业不随意。

家庭作业量不宜过大
作业越多负影响越大

教育篇

尊重学生（上）

好习惯 074
尊重学生（上）

1.尊重学生的人格，不能随意伤害他们。

2.尊重学生的天性，别把学生当成年人。

3.尊重学生的地位，学生才是学习主人。

4.尊重学生的兴趣，保护学生的爱好权。

5.尊重学生的意愿，尽力满足学生需求。

6.尊重学生的权利，有事多和学生商量。

7.尊重学生的健康，尽力减轻课业负担。

8.尊重学生的差异，不搞一刀切的教育。

尊重学生是教育之秘诀
民主平等使关系变和谐

好习惯 074
尊重学生（下）

9.尊重学生的个性，促使学生百花齐放。

10.尊重学生的失误，给学生改正的机会。

11.尊重学生的隐私，不公开学生的秘密。

12.尊重学生的建议，努力做到纳谏如流。

13.尊重学生的意见，只要正确迅速改进。

14.尊重学生的缺陷，人无完人金无足赤。

15.尊重学生的自尊，个别批评当众表扬。

16.要牢记，尊重学生比关爱学生更重要。

尊重学生是教育之秘诀
民主平等使关系变和谐

好习惯 075
新开学一切从新

1.整定新环境：室内外环境，干净又美观。

2.排定新座位：重新排座位，重组新伙伴。

3.选定新干部：民主集中制，干部重新选。

4.制定新班规：改革旧班规，大家共同谈。

5.商定新目标：既要符实际，还要存高远。

6.老师新变化：老师有变化，学生才会变。

7.学生新变化：改掉旧缺点，养成好习惯。

8.创造新开端：一定起好步，成功之关键。

新学期，新变化，产生凝聚力

新学期，新变化，力争创奇迹

帮助学生制定目标

好习惯 076

帮助学生制定目标

1.每个学段初都要制定新目标。

2.首先由学生自己制定新目标。

3.再由家长帮助学生修订目标。

4.最后由老师和本人商定目标。

5.目标要根据上学段学习实际。

6.目标要本着"蹦一蹦，够得着"。

7.学生的学段目标要在班内公示。

8.根据达标情况，确定成功优秀。

实现了自己的目标，就是成功
相对自己有了进步，就是优秀

好习惯 077
科学培养学生习惯（上）

1.认识习惯，领悟"教育就是培养习惯"。
2.重视习惯，把培养好习惯作为第一要务。
3.宣传习惯，引导老师家长学生达成共识。
4.计划习惯，每周强化训练二至三条习惯。
5.公示习惯，需训习惯题目写在黑板下角。
6.记忆习惯，用一两天记住一条习惯规则。
7.理解习惯，师生共同理解每条习惯内容。
8.启动习惯，先从最容易做到的习惯开始。

没有好习惯，烦恼失败总不断
养成好习惯，幸福成功常相伴

科学培养学生习惯（下）

好习惯 077
科学培养学生习惯（下）

9.训练习惯，专设时间指导学生模拟训练。

10.消化习惯，把习惯融于生活学习细节中。

11.督察习惯，设学校班级巡查员监督落实。

12.纠正习惯，发现不良习惯及时纠正训练。

13.验收习惯，定期验收记忆演练习惯情况。

14.巩固习惯，像学知识一样经常复习巩固。

15.奖惩习惯，根据落实习惯实际给予奖惩。

16.示范习惯，教师要熟记习惯并率先垂范。

没有好习惯，烦恼失败总不断
养成好习惯，幸福成功常相伴

好习惯 078

用格言教育学生

1.每天选一条格言，刊登在学校格言板。

2.各班把每日格言，抄在黑板的右上边。

3.到校后第一件事，是记格言和议格言。

4.老师用晨读片刻，引导学生理解格言。

5.全班同学每课前，高声朗诵每日格言。

6.用格言指导行动，融于生活学习中间。

7.定期不定期抽查，是否记住落实格言。

8.定期举行格言赛，促使格言教育发展。

好的格言，如同精神原子弹
每学一句，心灵都会受震撼

给学生创造快乐（上）

好习惯 079
给学生创造快乐（上）

1. 努力创造环境的快乐。教室内外精心布置，使环境整洁温馨又富有教育性。

2. 努力创造友谊的快乐。同学之间、师生之间关系融洽，让爱充满校园。

3. 努力创造课堂的快乐。把教学内容设计成快乐的活动，使乐趣充满课堂。

4. 努力创造课间的欢乐。精心组织常态的课间活动，使课间活动充满快乐。

快乐生兴趣，兴趣是最好的老师
兴趣生动力，动力是最高的效率

给学生创造快乐（下）

好习惯 079

给学生创造快乐（下）

5. 努力创造作业的快乐。作业量要少而精，让学生在作业中享受快乐。

6. 努力创造活动的快乐。有计划地组织系列活动，在活动中寓教于乐。

7. 努力创造家庭的快乐。少留作业，挤出时间做些家务，给家庭带来快乐。

8. 努力创造成功的快乐。用科学的教学方法，不断让学生体验成功的快乐。

快乐生兴趣，兴趣是最好的老师
兴趣生动力，动力是最高的效率

经常和学生谈心

好习惯 080

经常和学生谈心

1.经常和全体学生干部谈心。

2.经常和优秀生后进生谈心。

3.经常和家庭特殊学生谈心。

4.经常和情绪异常学生谈心。

5.经常和性格内向学生谈心。

6.经常和学习退步学生谈心。

7.经常和有矛盾的学生谈心。

8.经常和有个性的学生谈心。

谈心是拉近师生关系的桥梁
沟通是解决一切问题的良方

善于鼓励学生

好习惯 081
善于鼓励学生

1.善用赞许的表情鼓励学生。

2.善用夸张性语言鼓励学生。

3.善用竖起大拇指鼓励学生。

4.善用热烈的掌声鼓励学生。

5.善用谈心的方式鼓励学生。

6.善用发喜报方式鼓励学生。

7.善给家长发短信鼓励学生。

8.善发合适小奖品鼓励学生。

鼓励学生，好比给汽车加油
经常加油，才能使动力持久

好习惯 082

严格要求学生（上）

1.严而有规。要求学生要有依据，不可私立"宪法"，不能随心而严。

2.严而有理。严格要求必须严得有道理，使学生口服且心服。

3.严而有爱。严中有爱，爱中有严，严慈相济，体现人性化管理。

4.严而有度。严格不能过分，不能超出教师法规和学生的承受能力。

严是爱，松是害，放纵不管要变坏
严中爱，爱中严，严爱结合是真爱

好习惯 082

严格要求学生（下）

5.严而有方。严格也需要宽容，非原则的事不必较真，掌握"糊涂"艺术。

6.严而有导。严格和疏导、指导相结合，动之以情，晓之以理。

7.严而有序。严格要求应遵照循序渐进、螺旋上升的原则，不能一蹴而就。

8.严而有恒。严格要求应持之以恒，不能时松时紧、虎头蛇尾。

严是爱，松是害，放纵不管要变坏
严中爱，爱中严，严爱结合是真爱

好习惯 083

纠正学生坏习惯

1.纠正不良习惯，先知道什么是好习惯。

2.建立监督机制，学生互相纠正是关键。

3.制定巡查制度，学校班级都有巡查员。

4.发现不良习惯，提醒指导并就地训练。

5.顽固的坏习惯，要反复训练举一反三。

6.纠正不良习惯，专项训练不怕费时间。

7.纠正不良习惯，教师为教练不能旁观。

8.纠正不良习惯，奖惩严明是有效手段。

有了坏习惯，问题之隐患
纠正不及时，隐患变现实

公正处理学生纠纷

好习惯 084
公正处理学生纠纷

1.学生出现纠纷，要冷静不能急躁。

2.允许双方辩解，不要轻易下结论。

3.双方辩词不一，要进行细致调查。

4.坚持一视同仁，不偏袒任何一方。

5.解决重大问题，巧用"班级法庭"。

6.解决后，各当事人都能心平气和。

7.解决后，双方要诚恳做自我批评。

8.解决后，双方互相道歉握手言和。

解决纠纷，铁面无私像包公

处理矛盾，心平气和像春风

民主处理学生错误

好习惯 085
民主处理学生错误

1.学生犯了错误，控制情绪，保持冷静。

2.给足学生时间，独立反思，准备说明。

3.学生反思同时，制定预案，准备治病。

4.学生反思成熟，陈述因果，认识错行。

5.仍不认识错误，耐心疏导，动之以情。

6.师生之间交流，轻风细雨，气和心平。

7.真诚认识之后，写说明书，增强效应。

8.如是重大事件，全体参与，班级法庭。

久旱禾苗遇暴雨，解旱却伤身
犯错学生受训斥，治表不治心

好习惯 086

科学批评学生

1.采取表扬—批评—鼓励的批评模式。

2.先从不相关的事情说起，放松心情。

3.接着肯定学生的长处，并加以表扬。

4.再进入正题，让学生自己说出错误。

5.充分让学生陈述犯错经过以及原因。

6.再让学生说错误的危害和今后打算。

7.最后老师鼓励一番，以"甜"结尾。

8.事后写一份说明书，巩固教育成果。

批评学生，最好让他自己去认识
批评之后，应该感到不是在训斥

好习惯 087
培养使用学生干部

1.选干部求特长，标准注重实效。

2.选好第一把手，特别至关重要。

3.明确干部标准，经常培训指导。

4.多教工作方法，管理经验是宝。

5.发挥团队智囊，有事开会商讨。

6.大胆放手工作，积极旁观支招。

7.既要热情鼓励，又要严格指导。

8.定期进行考评，能者上庸者调。

火车快不快，全靠车头带
要使班风正，干部要过硬

好习惯 088

培养学生"兵教兵"

1.合理排好座位，优中后学生搭配。

2.同桌或前后桌，一帮一或一帮几。

3.建立学习小组，选出一名小组长。

4.制定小组目标，在全班进行公示。

5.经常训练演习，培养兵教兵意识。

6.组员如有缺点，组长要主动提醒。

7.组员如有困难，组长要主动帮助。

8.组员如有错误，组长要主动纠正。

9.建立竞争机制，组与组展开比赛。

10.建立奖励措施，优胜小组要奖励。

兵教兵，兵学兵，借兵教兵
兵帮兵，兵促兵，借兵帮兵

好习惯 089
抓时机转化后进

1.从新开学的第一天，开始抓起。

2.从新接手的第一天，开始抓起。

3.从新知识第一课时，开始抓起。

4.从学习简单的知识，开始抓起。

5.从课堂的每个细节，开始抓起。

6.从考试后的转折点，开始抓起。

7.从学生的小闪光点，开始抓起。

8.从良好的行为习惯，开始抓起。

转化后进生，关键抓时机

时机抓得巧，瞬间成奇迹

好习惯 090
用实例教育后进

1.使学生确信"没有学不好的学生"。

2.用本班级差转好的实例教育学生。

3.用其他班差转好的实例教育学生。

4.用历史上差转好的实例教育学生。

5.用名校名师教学的范例教育学生。

6.用名人成长的典型事例教育学生。

多举实例能产生自信
有了自信才能向前进

向学生介绍校情

好习惯 091
向学生介绍校情

1.及时向学生，传达学校的有关精神。

2.及时向学生，介绍学校的改革动态。

3.经常向学生，介绍学校的光荣历史。

4.经常向学生，介绍本校的优秀人物。

5.及时向学生，通报学校取得的荣誉。

6.及时向学生，通报他班的先进事例。

7.也要向学生，通报全校的反面案例。

通报光荣事，激发进取之志

披露耻辱事，增强忧患意识

好习惯 092
让学生承包班务

1.所有班务，分成若干个承包项目。

2.每个项目，设一至几名学生承包。

3.承包项目，学生可自选定期调整。

4.科学制定，《承包分工表》公示。

5.适时举行，承包工作经验交流会。

6.定期评选，优秀承包员树立典型。

7.班级巡查，一名巡查长两名成员。

8.巡查任务，对各项承包工作督导。

9.巡查时间，每组两天并填写记录。

10.建立制度，对正反典型给予奖惩。

事事有人干，人人有事干
学生受锻炼，老师变轻闲

好习惯 093
科学办板报

1.要以活动板块为主，由几名学生来主办。

2.设一个学校精神栏，及时刊登学校精神。

3.设一个班级新闻栏，及时刊登本班新闻。

4.设一个学生风采栏，及时展示学生特长。

5.设一个提醒忠告栏，及时预防不良现象。

6.设一个小监督台栏，及时通报违规现象。

7.设一个学生心声栏，及时反映学生心声。

8.设一个建议意见栏，及时刊登建议意见。

班级板报，就像是人民日报
学生办报，自我教育效果好

好习惯 094
适时家访

1. 对家庭特殊学生，经常进行家访。

2. 对表现异常学生，及时进行家访。

3. 对退步明显学生，及时进行家访。

4. 对家庭贫困学生，经常进行家访。

5. 对发生意外学生，及时进行家访。

6. 对不管孩子家庭，经常进行家访。

7. 改变告状式家访，让家访受欢迎。

8. 新接班的班主任，尽快家访一轮。

9. 对不便家访家庭，其他方式沟通。

家访是编织教育网络的线
形不成教育网目标难实现

好习惯 095

给家长下通知

1.新老师姓名及电话，要通知家长。

2.作息时间有新变化，要通知家长。

3.举行大中型测验前，要通知家长。

4.每次测验后的成绩，要通知家长。

5.举行重要活动之前，要通知家长。

6.需家长配合的作业，要通知家长。

7.出台新规定新制度，要通知家长。

8.学校竞赛比赛结果，要通知家长。

9.上级重要指示精神，要通知家长。

10.用印纸条、信息群发、邮箱网站。

让家长知道学校的重大事
可以得到家长理解与支持

让学生记录自己

好习惯 096

让学生记录自己

1.每人一个"我的足迹"记录本。

2.自我记录先进表现与落后表现。

3.有先进表现可给自己加1～3分。

4.有落后表现可给自己减1～3分。

5.周末在小组交流"我的足迹"，
其他成员提出修改建议并签字。

6.每月底计算出总成绩并在班内公示。

7.此成绩作为评优和教师评语的依据。

自己记录自己，自己评价自己
自己纠正自己，自己发展自己

经常进行红色教育

好习惯 097
经常进行红色教育

1.历史能拨动心弦，传统能打造神奇。

2.通过结合各科教学，进行红色教育。

3.通过结合红色节日，进行红色教育。

4.通过观看红色电影，进行红色教育。

5.通过阅读红色书籍，进行红色教育。

6.通过演讲红色故事，进行红色教育。

7.通过歌唱红色歌曲，进行红色教育。

8.通过学校的小广播，进行红色教育。

红色教育，是学生最好的营养剂
红色历史，能激励学生创造奇迹

好习惯 098
科学借力

1.借良好习惯的力，教育学生。

2.借每日格言的力，教育学生。

3.借课堂教学的力，教育学生。

4.借典型榜样的力，教育学生。

5.借校园广播的力，教育学生。

6.借旗下讲话的力，教育学生。

7.借电影课堂的力，教育学生。

8.借各种活动的力，教育学生。

9.借月评制度的力，教育学生。

10.借学生家长的力，教育学生。

学会借力，会使教育显神力

借力及时，可以立刻结果实

好习惯 099
经常进行安全教育（上）

1.经常对学生进行"交通安全"教育。

2.经常对学生进行"饮食安全"教育。

3.经常对学生进行"消防安全"教育。

4.经常对学生进行"体育安全"教育。

5.适时对学生进行"劳动安全"教育。

6.适时对学生进行"活动安全"教育。

7.经常对学生进行"用电安全"教育。

8.经常对学生进行"在家安全"教育。

安全教育常抓常紧，丝毫不放松
安全知识常讲常练，时刻敲警钟

好习惯 099

经常进行安全教育（下）

9.经常对学生进行"游戏安全"教育。

10.经常对学生进行"交往安全"教育。

11.夏季进行"防溺水、防中暑"教育。

12.冬季进行"防煤气、防感冒"教育。

13.每周上一节安全课，用好安全读本。

14.及时传达落实上级安全教育的指示。

15.结合实际，经常进行安全实际演练。

16.放假前，对学生进行全面安全教育。

安全教育常抓常紧，丝毫不放松
安全知识常讲常练，时刻敲警钟

训练学生自我教育

好习惯 100
训练学生自我教育

1.训练学生自己认识自己，自己评价自己。

2.训练学生自己相信自己，自己否定自己。

3.训练学生自己反思自己，自己总结自己。

4.训练学生自己鼓励自己，自己惩戒自己。

5.训练学生自己批评自己，自己纠正自己。

6.训练学生自己约束自己，自己督促自己。

7.训练学生自己检查自己，自己记录自己。

8.训练学生自己训练自己，自己指导自己。

9.训练学生自己服务自己，自己管理自己。

10.训练学生自己教育自己，自己发展自己。

教育的最高境界是实现自我教育
教学的最高境界是实现自主学习

后　记

　　我编著的第二部书《好习惯＝好老师》即将出版，心里充满了喜悦与感激。喜悦的是，这本书是在"教育科学出版社"这样的知名大社出版，心里无比兴奋和激动；感激的是，出版的过程凝聚着出版社两位编辑的心血和汗水，正如唐代韩愈所说："世有伯乐，然后有千里马。"如果没有编辑部主任刘灿先生半年多时间的调研选定，没有王利华编辑的精心策划和指导，就没有现在这本书。因此，这成功的花环应首先戴在教育科学出版社两位编辑的头上。

　　这本《好习惯＝好老师》是《好习惯＝好学生》的姊妹篇，它们的初稿都产生于 2002 年，已经走过了十多年的历程。在 2000 年，我们学校被命名为"河北省小学'自主学习'教育教学改革实验校"。在此背景下，我校把实践"教育就是培养习惯"的科学理念，作为教育教学改革的重项之一。为了科学有效地培养学生良好习惯，首先编写了一本《小学生良好习惯规则》（后更名为《好习惯＝好学生》），作为培养学生良好习惯的校本教材。在培养学生良好习惯的过程中，又引起我的另一种思考：只重视学生习惯的培养是不行的，如果只有学生学的好习惯，而教师却没有教的好习惯，教与学就不能达成和谐，其效果肯定是不理想的。而且我认为，教师的良好习惯比学生的良好习惯更重要，取决于教育成败的是教师，而不是学生。因此，《好习惯＝好老师》的雏形《教师良好习惯规则》也在2002年下半年相继诞生了。

这本《教师良好习惯规则》小册子，从此成为培训教师好习惯的校本教材，全校教师人手一册。而后，"培养教师良好习惯"和"培养学生良好习惯"同步进行，由校长作为第一责任人组织培训，并在实践中耐心而严格地督导。随着教师习惯培训的不断深入，教师的教育教学水平迅速提高，教育教学效果明显上升，教育教学奇迹不断出现。教师良好教育习惯的软实力带来了教育质量的硬实力，学校教学成绩在全镇十所学校的角逐中，始终保持全镇第一的位置，而且在小学十六个单项中，最少拿到十二个第一，有两次统考囊括全部十六个第一，2008年年底全县年终抽测，语、数、外三门学科总成绩名列全县第一位。在这所普通的小学里，已经没有不会教的老师，也没有不拿冠军的老师，而且大部分老师是常胜将军，百战百胜。县教育局分别在2003年和2009年，两次在我校举行全县学校管理现场会，对推动全县教育的发展起了重要的作用。成绩的得来，无不说明"教师良好习惯"在起着举足轻重的作用。

我校培养师生良好习惯的教育改革，不仅取得了奇迹般的实践成果，在理论上也得到了证实。2011 年 10 月，在德育报社的组织下，在山西太原举行了"全国第三届培养中小学生良好行为习惯大会"，这次大会的主题就是"师生的良好习惯，就是学校的教育质量"。通过实践证明，德育报社提出的这句教育名言，是非常正确的，也是非常科学的。同时，我衷心希望全国中小学校长和老师们，要以战略的眼光，从培养师生的良好习惯入手，迅速提升学校的教育教学质量。师生良好习惯的养成之时，就是我们教育的成功之时，更是我们教育工作者的幸福之时！

这本《教师良好习惯规则》，自 2002 年完成第一版之后，在实践中不断地修改完善，先后经过四次修订，在最后一次修订中更名为《好习惯＝好老师》。每一次修订，都要征求全校老师的修改意见，在此，对在修订过程中做出贡献的老师们表示真诚的感谢！特别是出版前的这次修订，先后经过半年多时间几次三番的修改，才使这一作品不断升华。在这次修订过程中，本书责任编辑以高度的责任心和严谨的文风，对修订书稿给予科学的指导和耐心的帮助，为此，我以个人的名义并代表读者朋友们对两位编辑老师表示诚挚的敬意和衷心的感谢！还要感谢为本书绘制插图的画师，一幅幅优美而贴切的插图使得作品图文并茂，更富有实效性。

　　由于本人水平所限，书中肯定有许多不当之处，诚恳地希望各位教育领导、教育专家和老师们，以及社会各界关心教育的朋友们，实实在在地提出宝贵意见！来信请发至邮箱：gubingxing279@sina.com.

谷炳兴

2013 年 10 月 10 日

出 版 人　所广一
策划编辑　刘　灿
责任编辑　王利华　杨　巍
责任美编　王四海　刘玉丽
版式设计　宗沅书籍设计
责任校对　贾静芳
责任印制　曲凤玲

图书在版编目（CIP）数据

好习惯＝好老师／谷炳兴编著．—北京：教育科学
出版社，2014.4
ISBN 978-7-5041-8214-2

Ⅰ.①好… Ⅱ.①谷… Ⅲ.①小学生-习惯性-能力
培养 Ⅳ.① G625.5

中国版本图书馆 CIP 数据核字（2014）第 007456 号

好习惯=好老师
HAO XIGUAN = HAO LAOSHI

出版发行　**教育科学出版社**

社　　址　北京·朝阳区安慧北里安园甲 9 号　　市场部电话　010-64989009
邮　　编　100101　　　　　　　　　　　　　编辑部电话　010-64981265
传　　真　010-64891796　　　　　　　　　　网　　址　http://www.esph.com.cn

经　　销　各地新华书店
制　　作　宗沅雅轩
印　　刷　北京中科印刷有限公司　　　　　　版　　次　2014 年 4 月第 1 版
开　　本　140 毫米 ×210 毫米　32 开　　　印　　次　2014 年 4 月第 1 次印刷
印　　张　7.625　　　　　　　　　　　　　印　　数　1—5 000 册
字　　数　80 千　　　　　　　　　　　　　定　　价　20.00 元